Marmor-Mosaik

Monika Rüegg

Impressum:

© 2002 Bücherzauber Verlag, 41540 Dormagen

ISBN: 3-934757-95-2 Best.-Nr.: 57952

Fotos: Peter Wirtz, Dormagen
Grafik/Zeichnungen: Daria Broda
Lithos/Layout/Satz: Marion Haustein, Dormagen
Druck: Grenz-Echo, Eupen www.grenzecho.be

Auflage: 8. 7. 6. 5. 4. 3. 2. 1. Rechte Zahl ist maßgebend.
Jahr: 2005 2004 2003 2002

Vorwort

Die Mosaikkunst hat bereits eine jahrtausendalte Tradition. Schon die Griechen im dritten Jahrhundert vor Christus schmückten große Gebäude mit kunstvollen Mosaiken. Marmor, mit Recht auch als König der Steine bezeichnet, wurde schon von den Römern für die Kunstform des Aneinanderfügens genutzt. Marmor ist ein Naturstein und inspirierte mich durch die wunderbare Farbpalette, die bezaubernden Schattierungen und Muster. Das faszinierende Material Marmor begeisterte mich immer mehr. Mit viel Liebe entstanden Einzelstücke, die mir ans Herz gewachsen sind. Fertigen Sie sich Ihre eigenen Kunstwerke, die Farbangaben und Muster dienen nur als Anregung. Das Ergebnis werden praktische, langlebige und beeindruckende Dekorationen für den Innen- und Außenbereich sein, um die Sie sicher beneidet werden.

Monika Rüegg

Danke!

Ganz herzlich danke ich der Firma Stuco Hobby, Bassersdorf, Schweiz, und Herrn Fischer von Mosaikstein.de, Deutschland, für ihre tolle Unterstützung in vielen Bereichen.

Recht herzlich möchten wir uns auch bei der Künstlerin Jutta Kükenthal, die wunderschöne Bilder malt, bedanken. Sie und ihre Familie haben uns für die Fotoaufnahmen freundlichst ihren traumhaften Garten beim „Atelier am Wald" zur Verfügung gestellt.

Material & Werkzeug

- Marmor-Mosaiksteine ▪ Marmorkleber
- Fugenmasse (grau, weiß, beige, schwarz)
- Farbbooster ▪ Mischbecher ▪ Spachtel
- Mosaikzange ▪ Pinsel ▪ heller Lappen
- Steinwachs ▪ Bürste ▪ Tacker ▪ Cutter
- Holzleim ▪ Niedertemperatur Heißleim
- Mosaiksteine ▪ Draht ▪ Drahtgitter
- Gipsbinden ▪ Holz ▪ Trägernetz
- Blumentöpfe ▪ Aluvasen
- flache Schalen
- Styroporteile: Kugeln, Kegel, Herzen, Eier

Marmor-Mosaiksteine

Marmormosaik gibt es in 30 Farbtönen. Die Steine sind in zwei Größen erhältlich:
10 x 10 mm (Beutel à 56, 120, 450, 2200 Stück)
15 x 15 mm (Beutel à 50, 210, 1000 Stück)

M01 Bianco Thassos
Mo2 Verde Luz
M03 Verde Jade
M04 Verde Alpi
M05 Verde Rosa
M06 Botticino
M07 Travertin Beige
M08 Travertin Antico
M09 Onyx
M10 Rosa Portogallo

M11 Rosa Tea
M12 Pink Cream
M13 Harlekin
M14 Rosso Laguna
M16 Luna Grey
M17 Azul Gris
M18 Nero Lavica
M19 Nero Mystic
M20 Nero Marquina
M21 Blue Bahia

M22 Azul Macauba
M24 Bianco Carrara
M25 Lotus
M26 Giallo Reale
M27 Travertin Giallo
M28 Rosso Verona
M29 Travertin Noce
M30 Emperador
M31 Stripgreen
M32 Smaragdgrün

Step by Step

Grundtechniken

- Mosaiksteine können als Komplettstein verarbeitet oder für spezielle Muster, Details und Ecken mit einer Mosaikzange oder einer guten Beißzange gebrochen werden. Es empfiehlt sich den Stein nur bis zur Hälfte in die Zange zu klemmen, so entsteht ein glatter Bruch.

- Den Marmorkleber mit Wasser zu einer zähen Masse anrühren, drei Minuten ziehen lassen und dann nochmals kräftig aufrühren. Anschließend die Masse ca. 2 mm dick auf den Gegenstand auftragen. Die Steine im gewünschten Muster aufsetzen. Bitte beachten Sie die Verarbeitungszeit von etwa 40 Minuten. Nun die Arbeit trocknen lassen. Sollten Sie Ihre Arbeit unterbrechen, achten Sie darauf, dass auf den Gegenständen keine Marmorkleber-Reste sind, da diese nach dem Trocknen schlecht entfernt werden können.

- Farbbooster ist eine chemische Flüssigkeit, welche die Farbwirkung von Natursteinen intensiviert. Darüber hinaus imprägniert sie die Oberfläche und schützt vor Schmutz. Sie wird mit einem Pinsel sparsam aufgetragen. Während und nach der Verarbeitung für gute Belüftung sorgen. (Hinweis: Für Kinder unerreichbar aufbewahren! Überschüssige Flüssigkeit mit einem Tuch entfernen und die Arbeit 24 Stunden trocknen lassen.)

- Das Fugenpulver mit Wasser zu einer Masse mit sahniger Konsistenz verrühren und drei Minuten ziehen lassen. Die Masse mit einem Spachtel kreuz und quer in die Fugen einreiben und 30 Minuten anziehen lassen. Anschließend mit einem trockenen oder leicht feuchten Tuch abreiben bis keine Rückstände mehr auf den Mosaiksteinen sind. Hinweis: Die Fugen beim Marmormosaik sind mit ihrer Höhe von 8 mm meist höher als Fugen von anderen Materialien. Deshalb ist es empfehlenswert, das zum Marmormosaik angebotene Fugenmaterial zu verwenden. Es zeichnet sich aus durch erhöhte Qualität und ist besonders stabil und reißfest.

- Das Steinwachs mit einem Holzstäbchen aufrühren und mit einem weichen fusselfreien Tuch auf das trockene Mosaik auftragen. Nach 2 Stunden mit einer Bürste polieren. Das Meisterwerk strahlt nun in einem weichen Seidenglanz.

Wichtig! Marmorkleber und Fugenmasse gehören nicht in den Abfluss (Verstopfungsgefahr). Alle Gegenstände werden in oder über einem Eimer gewaschen, in dem sich ein Müllbeutel befindet. Sobald sich das lose Material gesetzt hat, kann das Wasser entleert werden. Den Rest lässt man eintrocknen und wirft ihn anschließend in den Müll.

Arbeiten mit Gipsbinden und Drahtgitter

Für einige Beispiele in diesem Buch (z.B. Seite 17, Seite 19, Seite 21 und Seite 23) werden Gitter und Gipsbinden benötigt.

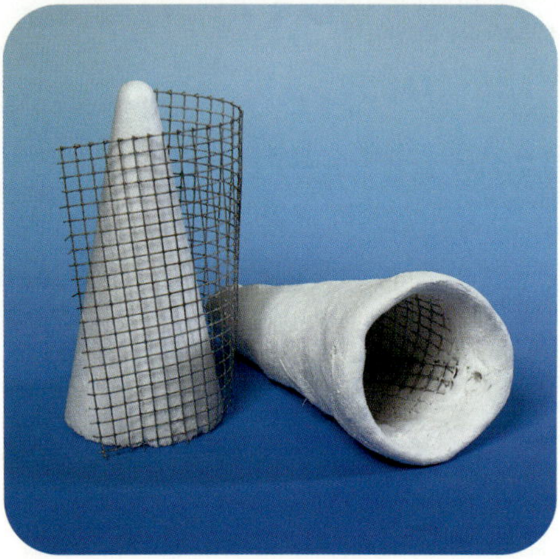

Zuerst wird aus Gitter ein Gegenstand geformt. Zum Beispiel für die Hängetrichter von Seite 22 und Seite 24. Gitter um einen Styroporkegel formen. Feste Gitter sind schwieriger zu formen, brauchen jedoch weniger Gipsbinden bis die gewünschte Stabilität erreicht ist.

Damit das Geflecht nicht flach zusammengedrückt wird, stopft man die Mitte mit Zeitungspapier aus und näht mit Draht die Teile zusammen. Oder sie werden mit einem Tacker an einem Brett befestigt, das den Boden bildet.

Die Binden werden in Stücke geschnitten, ganz kurz in einem Becken durch kaltes Wasser gezogen, auf den Gegenstand gelegt und glatt gestrichen. Kreuz und quer werden ca. 5 - 6 Lagen aufgetragen.

Es ist auch möglich, mit Gipsbinden gewisse Formen hervorzuheben. Das Rückgrat der Eidechse oder der untere Rand des Schildkrötenpanzers wurden mit Gipsbinden geformt. Gips hat eine lange Trocknungszeit. Man kann aber auch auf dem noch feuchten Gips weiterarbeiten.

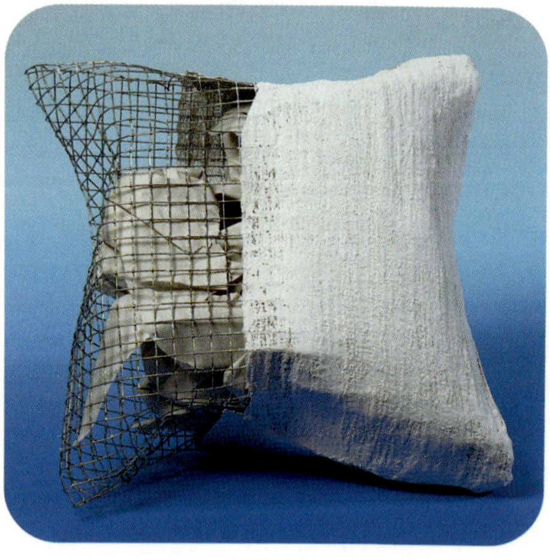

Arbeiten mit Styroporträgern

Styropor gibt es in den verschiedensten Ausführungen. Mit dem Cutter kann das Material, wenn nötig, in die richtige Form gebracht werden. Der Marmorkleber wird mit einem Spachtel ca. 2 mm dick aufgetragen. Zuerst werden die schwierigen Muster gelegt und anschließend mit den restlichen Steinen die Fläche bedeckt.

Mit Vorlage arbeiten

Im Fachhandel gibt es sehr viele verschiedene Vorlagen. Selbstverständlich kann man sein Mosaik auch selbst entwerfen. Die Vorlage wird mit einer transparenten Kunststoff-Folie und anschließend mit einem speziellen Trägernetz belegt. Mit Klebeband werden die Schichten fixiert.

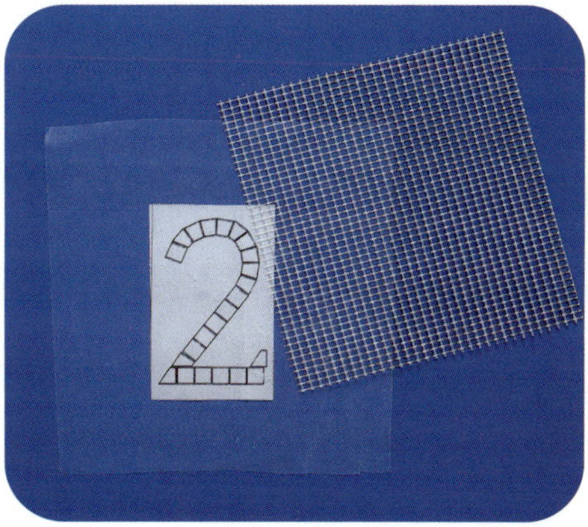

Die Mosaiksteine werden entsprechend der Vorlage mit Holzleim auf das Netz geklebt. Der Leim sollte beim Festdrücken nicht hervorquellen. Für Biegungen oder kleine Details werden die Mosaiksteine mit der Mosaikzange gebrochen.

Nach 24 Stunden kann das Mosaik vorsichtig mit dem Netz von der transparenten Kunststoff-Folie genommen und weiterverarbeitet werden. Auf einer Holzplatte oder direkt an der Wand wird es mit Marmorkleber befestigt. Verfugt und mit Booster und Steinwachs behandelt erstrahlt Ihr Werk besonders schön.

Kräutertöpfe

Material
Terrakotta-Töpfe
große und kleine Mosaiksteine:
Azul Gris, Bianco Carrara, Verde Alpi
Fugenmasse: weiß, grau
Glasritzautomat

Es eignen sich Töpfe in verschiedenen Größen und Formen, um mit Marmorsteinen verziert zu werden. Beginnen Sie am unteren Rand mit dem Aufsetzen der Mosaiksteine. Beenden Sie Ihre Arbeit mit der letzten Reihe senkrecht oder nach Belieben waagerecht. Legen Sie am oberen Rand noch eine Runde Steine waagerecht. Nachdem geklebt, geboostert, gefugt und gewachst wurde, besteht die Möglichkeit mit dem Glasritzautomaten die Steine zu ritzen und so zusätzliche Verzierungen oder Texte anzubringen.

Gartenstecker-Kugeln

Material
Plastikkugeln mit Loch
passende Holzstäbe
große und kleine Mosaiksteine:
Botticino, Harlekin
beige Fugenmasse

Plastikkugeln als Gartenstecker haben ein Loch, damit der Holzstab angebracht werden kann. Achten Sie auf einen möglichst dicken Stab, damit das Gewicht der Kugel das Holz nicht bricht. Beginnen Sie mit dem Setzen der Steine an der dem Loch gegenüberliegenden Seite. Damit sich die Kugel nicht dreht, wird sie am besten auf ein Glas gestellt und während des Arbeitens langsam gedreht.

PETE
RLI
BASIL
IKUM

Ein Hauch von südlicher Kultur

Material
Terrakotta-Teller
Muscheln
große und kleine Mosaiksteine, ca. 700 g:
Rosa Portogallo, Onyx, Pink Cream, Travertin Beige
beige Fugenmasse

Ordnen Sie zuerst die Muscheln nach Ihrem Geschmack an. Kleine Muscheln werden mit Marmorkleber untermauert. Die Erhöhung sollte über dem Niveau der Steine sein, damit die Muscheln nicht von der Fugenmasse überdeckt werden. Noch feuchte Fugenrückstände in Muschelvertiefungen können mit einer alten Zahnbürste unter fließendem Wasser entfernt werden.

Serviettenständer

Material
Brief- oder Serviettenständer aus gepresstem Holz
beige Bastelfarbe
große und kleine Mosaiksteine:
Rosa Portogallo, Onyx, Pink Cream, Travertin Beige
Muscheln
Uhu Kraft

Zuerst wird der Ständer innen und außen mit Farbe bemalt. Diese gut trocknen lassen. Anschließend werden die Steine und die Muscheln mit Uhu Kraft auf die eine Seite geklebt. Nach dem Trocknen die zweite Seite gleich bearbeiten. Ein Verfugen ist hier nicht erforderlich.

Aluvasen mit Charme

Material
Aluvasen
große Mosaiksteine:
Azul Gris, Verde Alpi, Verde Jade
weiße Fugenmasse

Beginnen Sie am unteren Rand mit dem Aufsetzen der Mosaiksteine. Einen besonderen Effekt erzielt man, wenn die Steine hochkant oder diagonal zur Unterkante in den Marmorkleber gesetzt werden. Achten Sie beim Verfugen darauf, dass alle Hohlräume mit Fugenmasse ausgefüllt sind. Das Entfernen der überschüssigen Fugenmasse ist durch die unregelmäßige Oberfläche nicht ganz einfach. Notfalls kann ein Küchenmesser helfen.

Nicht nur als Vasen sind diese Behälter besonders dekorativ, auch als Weinkühler haben sie einen tollen Auftritt.

Rundum schön

Material
Styroporkugeln Ø 30 cm, Ø 25 cm, Ø 20 cm
große und kleine Mosaiksteine:
Verde Luz, Verde Jade, Bianco Carrara,
Azul Gris, Nero Lavica, Nero Mystic, Nero Marquina
Spiegelteile
runder Facettenstein
Styroporkleber

Materialverbrauch
Kugel Ø 30 cm, ca. 5,3 kg Steine
Kugel Ø 25 cm, ca. 3,9 kg Steine
Kugel Ø 20 cm, ca. 2,6 kg Steine
Fugenmasse: schwarz und grau

Styroporkugeln von dieser Größe bestehen meist aus zwei Halbkugeln. Diese werden zusammengeklebt. Bitte benutzen Sie einen Styroporkleber. Anschließend werden die Kugeln laut Grundanleitung von Seite 5 bis 7 mit den Steinen belegt. Es können ganze oder gebrochene, kleine oder große Steine verwendet werden.

Beginnen Sie mit dem Setzen der Steine an der für Sie schwierigsten Stelle, d. h. bei einem bestimmten Muster, einer bestimmten Farbe oder dem Streifen, mit dem die Kugel umgeben ist. Ein hübscher Facettenstein könnte als Mittelpunkt aufgeklebt werden. Integrierte Spiegelstücke lassen das Licht reflektieren und faszinieren durch die optische Wirkung.

Romantisches Herzkissen

Material

Drahtgeflecht, 90 x 42 cm, mittlere Stärke
Draht Ø 1,2 mm
Zeitungen
Gipsbinden, ca. 2 kg
runde Kieselsteine, Ø ca. 1 - 1,5 cm
große und kleine Mosaiksteine:
Azul Gris, Nero Lavica, total ca. 5,9 kg Steine
graue Fugenmasse

Mit der Blechschere schneidet man zwei gleich große Drahtherzen aus und wölbt sie. Damit das Geflecht nicht flach zusammengedrückt wird, die Mitte mit Zeitungspapier ausstopfen und die beiden Teile mit Draht an den Rändern zusammennähen. Fünf bis sechs Schichten Gipsbinden laut Anleitung von Seite 6 über das ganze Drahtherz legen.

Mit den Kieselsteinen beginnen Sie in der Mitte des Herzens und arbeiten anschließend mit dem Mosaik weiter.

Ein besonderes Reptil

Material

Leimholzbrett (ca. 3 cm dick)
Drahtgeflecht (ca. 2 m x 70 cm, mittlere Stärke), Draht (Ø 1,2 mm)
Zeitungen, Säge, Tacker, Blechschere
Gipsbinden (ca. 5 kg), Marmorkleber (ca. 2,5 kg)
weiße Fugenmasse (ca. 2,5 kg)
große und kleine Marmorsteine, ca. 12,6 kg:
Verde Luz, Verde Jade, Verde Alpi, Bianco Carrara,
Azul Gris, Nero Lavica, Nero Mystic, Nero Marquina

- Übertragen Sie zunächst das Reptil vom Vorlagenbogen auf das Holzbrett. Der Kopf wird nur aus Drahtgeflecht hergestellt. Mit einer Säge das Motiv aussägen.

- Nun mit einer Blechschere ebenfalls ein Reptil, welches etwa doppelt so breit sein sollte, aus dem Drahtgeflecht ausschneiden. Diese Form gewölbt über das Holzmotiv legen und zunächst an einer Seite festtackern. Die Hohlräume mit Zeitungspapier ausstopfen und das Drahtgeflecht von allen Seiten am Holz befestigen. Für die Kopfform das Gitter mit Draht von der Rolle zusammennähen. Für eine bessere Stabilität an einigen Stellen das Drahtgitter mit Nägeln befestigen.

- Schließlich laut Anleitung von Seite 6 Gipsbinden in mehreren Schichten über den gesamten Körper legen.

- Zusätzlich aus Gipsbinden ein Rückgrat aufbringen sowie die Nackenpartie andeuten.

- Nun laut Grundanleitung mit Marmorkleber die Mosaike partienweise auftragen. Beginnen Sie beim Kopf mit dem Setzen des dunkleren Mundes und der Augen. Zwei dunkle Mosaiksteine als Nasenlöcher auflegen und die weiteren, teilweise bogenförmig gelegten Mosaike laut Abbildung anordnen. Immer nur soviel Marmorkleber auftragen, dass Sie die Fläche auch in ca. 40 Minuten bearbeiten können.

- Nach der Oberflächen-Imprägnierung und der entsprechenden Trockenzeit wird das gesamte Krokodil verfugt und zum Schluss eingewachst sowie poliert.

Schildkröte

Material

1/2 Styroporkugel, Ø 20 cm
6 Styroporeier, 6 cm
Styroporkleber
Gipsbinden
große und kleine Mosaiksteine, ca. 2,2 kg:
Rosso Laguna, Luna Grey, Harlekin
Fugenmasse: beige, schwarz
Aqua Mattlack

- Die Halbkugel aus Styropor bildet den Panzer, die Styroporeier die vier Füße, den Kopf und den Schwanz.

- Mit dem Cutter werden vier Eier abgeflacht, damit die Schildkröte gut steht. Das Ei für den Schwanz wird ebenfalls abgeschnitten, jedoch fast bis zur Hälfte. Den Kopf lässt man ganz.

- Damit die Eier an den Panzer geklebt werden können, pro Ei eine Rundung in die Halbkugel schneiden. Zum Kleben von Styropor einen speziellen Styroporkleber nutzen. Gipsbinden werden nun über die ganze Schildkröte gelegt. Fünf bis sechs Schichten geben genug Halt und Stabilität. Den Panzerrand und den Schwanz mit zusätzlichen Lagen Gips formen.

- Nun die Steine auf dem Panzer so anordnen, dass die typischen Vierecke der Schildkröten erkennbar sind. Die gebrochenen Steine auf den Kopf kleben. Zuerst mit dem schwarzen Fugenmaterial die Füße, den Schwanz und den Bauch der Schildkröte überziehen. Anschließend mit der beigen Fugenmasse den Panzer verfugen. Mit Aqualack das schwarze Fugenmaterial überstreichen.

Kissen im Garten

Material

Drahtgeflecht, 35 x 70 cm, mittlere Stärke
Draht, Ø 1,2 mm
Gipsbinden, ca. 2 kg
große und kleine Mosaiksteine, ca. 4,7 kg:
Verde Luz, Verde Jade, Bianco Carrara, Azul Gris, Nero Lavica
weiße Fugenmasse

Das Drahtgeflecht wird zu einem Quadrat zusammengelegt. Damit das Geflecht nicht flach zusammengedrückt wird, stopft man die Mitte mit Zeitungspapier aus und näht anschließend mit dem Draht die drei offenen Kanten zusammen. Nun wird mit einem Hammer das Geflecht in Form geschlagen. Das ganze Kissen mit fünf bis sechs Schichten Gips belegen. Beginnen Sie mit dem Legen der Mosaiksteine in der Mitte des Kissens. Sobald Sie die eine Hälfte belegt haben, trocknen lassen. Die zweite Seite wird anschließend gleich gearbeitet.

Hängetrichter

Die Anleitung für den Hängetrichter finden Sie auf Seite 24.

Pflanzen in luftiger Höhe

Material

Drahtgeflecht, dünne Stärke
Styroporkegel
Draht, Ø 1,2 mm
Gipsbinden
Plastikfolie
starke Drahtschnur
Stricknadel
Mosaiksteine: Verde Luz, Verde Jade, Bianco Carrara, Azul Gris
weiße Fugenmasse

Den Styroporkegel mit Plastik überziehen, mit Drahtgeflecht umwickeln und dieses mit Draht zusammenheften. Gipsbinden in fünf bis sechs Schichten so um den Kegel legen, dass er nach dem Trocknen der Gipsbinden wieder aus dem Drahtgeflecht entfernt werden kann. In die noch nassen Gipsbinden mit einer dicken Stricknadel vier gleichmäßig verteilte Löcher stechen, damit anschließend die Drahtschnur für die Hängevorrichtung eingezogen werden kann. Nach dem Trocknen werden vier Drahtschnüre in der gewünschten Länge in die Löcher eingezogen und anschließend die Mosaiksteine aufgeklebt. Beginnen Sie am oberen Rand und arbeiten zur Spitze hin. Nun wird die ganze Tüte verfugt.

Schlicht und dekorativ

Hausnummer

Material

Vorlage vom Vorlagenbogen
oder selbst gezeichnet
transparente Kunststoff-Folie
Trägernetz, Holzleim
große und kleine Mosaiksteine in
Kontrastfarben: Nero Marquina, Botticino
Holzbrett in Größe der Vorlage
weiße Fugenmasse

Auf die Vorlage werden die Kunststoff-Folie und anschließend das Trägernetz gelegt. Mit Klebeband werden die Schichten fixiert.

Die Mosaiksteine werden entsprechend der Vorlage mit Holzleim auf das Netz geklebt. Der Leim sollte beim Festdrücken nicht hervorquellen. Für Biegungen oder kleine Details werden die Mosaiksteine mit der Mosaikzange gebrochen.

Nach 24 Stunden kann das Mosaik vorsichtig mit dem Netz von der Folie genommen und auf eine mit Marmorkleber bestrichene Platte gedrückt werden.

Verfugt und mit Booster und Steinwachs behandelt hält es jeder Witterung stand.

Schale

Material

1/2 Styroporkugel, Ø 20 cm
große und kleine Mosaiksteine,
ca. 2,2 kg: Pink Cream, Rosso Laguna
graue Fugenmasse, 250 g

Die obersten 5 cm der Styroporhalbkugel werden mit dem Cutter abgetrennt. Die Kugel innen, außen und auf der oberen Kante mit Mosaiksteinen bekleben. Beginnen Sie in der Mitte der Schaleninnenseite und beachten auch die Grundanleitung von Seite 5. Zum Schluss mit Fugenmasse verfugen.

Quadratisch schön

Material
Gipsbinden
für die große Platte ca. 1,1 kg Mosaiksteine:
Pink Cream, Rosso Laguna
für die kleine Platte ca. 0,7 kg Mosaiksteine:
Pink Cream, Rosso Laguna
Fugenmasse: weiß, grau
wasserfeste Farbe
Platten für Gipsabdruck

Glas- oder Keramikplatten eignen sich ausgezeichnet, um mit Gipsbinden abgeformt zu werden. Legen Sie kreuzweise sieben bis acht Schichten auf den Gegenstand, den Sie kopieren möchten. Nach dem Trocknen kann die neue Form abgelöst werden und ist genügend stabil. Die Glas- oder Keramikplatten werden einfach unter fließendem Wasser gereinigt. Die neu entstandenen Formen mit Steinen bekleben und verfugen. Die Rückseite wird mit einer wasserfesten Farbe Ihrer Wahl bemalt.

Für Verliebte

Bilderrahmen

Material
Bilderrahmen aus gepresstem Holz
große und kleine Mosaiksteine:
Verde Jade, Verde Alpi
schwarze Fugenmasse
alte Zahnbürste

Bilderrahmen sind im Fachhandel in verschiedenen Variationen erhältlich. Der Rahmen wird zuerst mit den ganzen und anschließend mit den gebrochenen Steinen beklebt. Nach dem Fugen wird die überquellende Fugenmasse bei den gebrochenen Steinen mit Hilfe einer alten Zahnbürste unter fließendem Wasser entfernt.

Herzen

Material
Styroporherzen
Mosaiksteine, diverse Farben
Fugenmasse: weiß, grau

Die Grundform dieser Herzen besteht aus Styropor. Es ist von Vorteil vor Arbeitsbeginn die Steine bereits zu brechen, damit man das Herz nicht immer aus der Hand legen muss. Am besten beginnt man in der oberen Mitte und legt eine Seite zu Ende, bevor man die zweite beginnt.

Briefständer

Material

Brief- oder Serviettenständer aus gepresstem Holz
graue Bastelfarbe
Stift
Mosaiksteine: Verde Luz, Verde Alpi
graue Fugenmasse

Zuerst wird der Ständer innen und außen mit Farbe bemalt. Anschließend wird der Stift diagonal in den aufgetragenen Marmorkleber gelegt und die restliche Fläche mit Steinen belegt. Anschließend die Steine verfugen und weiter bearbeiten.